El Código Líder

DAN BLAKESLEE

con

ESTEBAN ALVAREZ

ISBN: 1500408719
ISBN-13: 978-1500408718

Para mi Dios, mi esposa, mis hijas, mis yernos
y por supuesto, Nate y Andrew.
Todo lo que hago, lo quiero hacer para ustedes.
Ustedes son mi inspiración y ánimo.

CONTENIDO

RECONOCIMIENTOS

Este libro no hubiera sido posible sin las incontables horas de investigación realizadas por mis estudiantes de bachillerato en Baptist Bible College en Springfield, Missouri y mis estudiantes de postgrado de Baptist University of America. Los conceptos discutidos en este libro han sido construidos en base al trabajo de grandes investigadores que han partido, en particular David C. McClelland, Spencer Johnson y Kenneth Blanchard.

EL NUEVO TRABAJO

Juan mira mientras el sol penetra su párpado. Está atravesando una hendidura en las persianas como si fuera un láser. Mueve sus labios sin emitir sonido alguno, *Nota: ajustar las persianas antes de ir a dormir esta noche.* Luego comienza a dar vueltas y se duerme otra vez – después de todo, ha pasado todo el fin de semana desempacando e instalándose en su nueva casa. Fue en ese momento que recordó la razón por la cual están en esta casa nueva.

Oh, es debido a su nuevo trabajo. Hoy es lunes, ¿verdad? ¿Qué hora es? Con los ojos ahora completamente abiertos, lucha para concentrarse en el reloj. ¡Esta marcando intermitentemente las 12:00!

Ahora, totalmente despierto, la adrenalina bombeando a través de su cuerpo, se da cuenta inmediatamente de que se ha quedado dormido en su primer día de trabajo. ¡Este va a ser un día muy malo!

Juan es un ingeniero muy talentoso, tan talentoso que ha

escalado de manera meteórica en la compañía. El y su esposa, Maria, se mudaron a Springfield porque le otorgaron su propia división. Esta es una gran oportunidad. El está en la posición de transición envidiable – y muchas veces incómoda – de dejar un cubículo a ser líder de un equipo.

Virtualmente Juan corrió a través de la ducha y se metió en su ropa. Maria usó la maquina de café Keurig y le alcanzó una taza mientras el se dirigía hacia la puerta. El calculo que todavía podía llegar a tiempo, todo lo que tenia que hacer era batir el record de velocidad de la tierra. Aun, el piensa que quizás no lo notarían si puede llegar solamente un *poquito* tarde.

Cuando retrocedía en la entrada de su casa se dio cuenta de que negligentemente no había visto si la calle estaba libre, mientras un auto viejo apareció por la calle. El auto estaba siendo manejado por un hombre viejo manejando como una señora anciana. Juan frenó a corta distancia de pegarle al auto mientras el hombre anciano viró para evitarle. Juan salio detrás del anciano, pero éste apenas iba manejando por encima del límite de velocidad. El lo siguió todo el camino fuera del vecindario hasta la rampa de salida. Juan pensó, *ahora es mi oportunidad de adelantarme.* Lo pasó en la rampa y se ubicó en la senda de transito delante de él. Juan calculó que todavía podría llegar moderadamente tarde si manejaba a 9 millas por hora sobre el límite de velocidad. Sus esperanzas se desvanecieron cuando vio el transito que se movía muy lento.

Finalmente llegó a su salida. Luego de pasar por alto una señal de PARE, entró al estacionamiento. Sin tiempo para buscar su espacio de estacionamiento reservado, tomó el primer espacio vacío que pudo encontrar. Saltó de su automóvil y corrió hacia la puerta de entrada. Mientras se preparaba para correr al otro lado de la calle fue alcanzado desprevenidamente por otro empleado que también estaba llegando tarde. *No te imaginas; es el anciano del vecindario.* Este saluda de lejos a Juan con la mano mientras pasa. Juan pensó, *¿fue ese un saludo sarcástico? ¿Me habrá reconocido, o solamente esta siendo cortés?* ¡Ahora no hay tiempo de analizar eso!

Juan pasa por el guardia de seguridad mostrándole el pase temporal que recibió por el correo. Sube hacia el tercer piso y encuentra su nueva oficina. Desafortunadamente hay tres personas esperando en su oficina. Pasó corriendo delante de su asistente administrativa – a la que todavía no había conocido – ella intento advertirle sobre las personas que estaban en la oficina esperando por el. Las únicas palabras que el escucho de ella fueron "gerente de planta".

Juan se presenta y conoce al gerente de planta, su asistente y a un representante de la unión de trabajadores. La reunión comienza con una lista completa de problemas relacionados al último diseño, pero Juan ni siquiera estaba seguro a lo que se referían. Dos minutos dentro de la reunión y Juan pensó que ellos estaban hablando como la maestra de Charlie Brown. ¡Este va a ser un día muy malo!

Luego de dos reuniones espontáneas y muchas presentaciones, finalmente Juan tuvo un descanso. Llamó a su casa para ver como estaba Maria. Ella comenzó a contarle sobre todos los problemas con las empresas de servicios públicos. Todo comenzó a juntarse en su mente. Todo lo que podía pensar era, *Necesito organizarme o esta cosa me va a comer vivo.*

El próximo día comenzó mucho mejor. La alarma del reloj sonó a tiempo. Las persianas estaban completamente cerradas, así que no hay luz del sol en sus ojos. Se levantó lo suficientemente temprano como para salir a correr. Alcanza a uno de sus vecinos que salió a trotar. Juan queda atónito cuando se da cuenta que es el hombre viejo que maneja el carromato como una anciana.

Juan saluda al hombre, "Buen día, que gran mañana para correr".

El anciano responde, "Desde luego que lo es. Soy Bob. He estado esperando para conocerte. En realidad, trabajamos juntos".

Juan dijo lo siguiente con un poco de vergüenza, "Si, ayer fue mi primer día y estaba atrasado. Todo lo que podía salir mal, salió mal."

Bob pregunto curiosamente, "¿Así que tuviste un mal primer día?".

"Solo digamos que quizás estoy un poco superado. He

sido un ingeniero la mayor parte de mi vida adulta, pero nunca he estado a cargo de nada o nadie más que mí mismo. Soy bastante bueno para manejar mis propios proyectos, pero nunca he tenido que liderar a otra gente. Ni siquiera estoy seguro si me gustan las personas" Confesó Juan.

"Sé como te sientes, yo ascendí desde el mismo cubículo que tu. Hace tiempo cuando comencé con la compañía, ellos pensaban que si tu eras un buen ingeniero, eras automáticamente un buen líder" dijo Bob. Luego procedió a explicar, "En esos tiempos nos dejaban solos para tratar de descubrir como liderar y supervisar a la gente. Ahora tenemos grandes programas con mentores para los lideres nuevos".

Ansiosamente Juan dijo, "Creo que recuerdo vagamente haber leído sobre eso en el paquete que recibí de la compañía. Sin embargo, yo pensé que era el típico hablar corporativo. ¿Así que tú crees que el programa de mentores es útil?

"¡Definitivamente! Los lideren no nacen lideres, ellos aprenden a serlo; de hecho las habilidades de liderazgo son mas captadas que enseñadas. Yo estaría contento de ser tu mentor de liderazgo si tu me lo permites" Bob ofreció gentilmente. "De hecho, si me lo permites, me gustaría compartir contigo el Código Líder que descubrí en un Libro antiguo".

"¡Eso seria maravilloso!" replico Juan con excitación.

Bob dijo, "¿Por qué no vienes a verme esta mañana luego de que te instales en el trabajo? Mi oficina es el piso superior".

EL LIBRO ANTIGUO

Juan entró a la oficina con bastante tiempo de sobra. Afortunadamente no había nadie esperando por el en la oficina. Sin embargo, mientras se prepara para entrar a la oficina externa, se da cuenta de que no recuerda el nombre de su asistente administrativa. *¿Era Mary o María..? ¿Por qué no lo puedo recordar? Se que la escuche decirlo.*

"Buen día Juan, ¿Cómo estas en esta mañana soleada?" La secretaria sin nombre de Juan le dijo alegremente.

"Bueno, ¡buen día para ti también!" Juan rápidamente mira hacia abajo a una placa en el escritorio que dice que el nombre de ella es Marla.

"¿Estas teniendo un buen comienzo del día, Marla?"

Marla contesta "Si. Tienes dos reuniones esta mañana, y luego su tarde esta libre." Marla vacilando un poco dice, "¿Puedo recomendar que tome esa oportunidad para conocer a algunos de los ingenieros de la división?"

"No, tengo otros planes esta tarde. ¿Conoces a un tipo de nombre Bob que trabaja en el piso superior?" Juan contesta bruscamente.

Marla pauso por un minuto, y luego dijo, "La única oficina en el piso superior es la de nuestro vicepresidente, Bob Tuttle."

Juan trago fuertemente. Pensó para si mismo, *el hombre viejo es Bob, Bob es mi vicepresidente. Eso realmente tiene sentido.*

Luego le pregunto a Marla "¿un tipo de unos 50 años, en buen estado atlético con gris en las sienes?"

"Ese es él. Gran tipo, el hace todo en base al libro, pero esta lleno de gracia".

Se sentó a través de sus reuniones matinales. La gente todavía sonaba como la maestra de Charlie Brown. "Bla…Bla… Blaaaaaa….Blaaa" Juan se pregunto así mismo, *¿son realmente necesarias estas reuniones?*

Aparentemente, la gente que venia a el solo tenían problemas - *¿nadie tiene soluciones aquí?* El tomó un tiempo para reflexionar sobre los problemas que habían aparecido esa mañana. Luego de todo, eso era lo que el hizo y lo que lo había ascendido a esta posición.

Luego de un rápido almuerzo en la cafetería Juan tomó su iPad y se dirigió hacia el elevador. Miró el botón del piso superior y en vez de un numero, decía "Suite Ejecutiva".

Subió al piso superior y mientras salía del elevador es recibido por Bob mismo. Bob es todo sonrisas con una mano extendida. Mientras caminaba le dio la bienvenida a su oficina y le ofreció una taza de café o una botella de agua. Luego le presentó a su asistente administrativa Wendy. Bob le dio instrucciones a Wendy de poner sus llamadas en espera hasta que finalizaran su reunión.

Juan comenzó diciendo, "Necesito disculparme. No tenia ni idea que usted era el vicepresidente. Tendría que haber reconocido su voz por nuestra entrevista telefónica. Tendría que haber…"

Bob interrumpió, "¿Habría marcado alguna diferencia si tu hubieras sabido que yo era tu jefe? ¿Me hubieras tratado de manera diferente? Hummm…, espero que no." Bob continuó, "Ahora vayamos al grano. Quiero compartir contigo el Código Líder que he descubierto. Ha marcado una tremenda diferencia en mi habilidad de liderar y supervisar a la gente, proyectos y a esta compañía".

Juan, todavía sorprendido de que el vicepresidente quiere ayudarle para que sea un mejor líder, pregunto con curiosidad, "Si, ¿usted mencionó que este código proviene de un libro antiguo?"

Bob explicó, "Bueno, realmente viene del libro mas vendido de todos los tiempos. ¿Alguna vez has leído la Biblia?"

Juan tartamudea un poco, "Realmente no soy una persona religiosa. Escuché historias de la Biblia cuando era un niño en la Escuela Dominical".

Bob dijo, intentando aliviar los miedos de Juan, "Esta bien, yo tampoco soy religioso".

Juan contestó, casi interrumpiendo, "pero yo realmente no creo que la Biblia sea un libro 'especial' o aun verdadero". Juan se detuvo, esperando que no haya dicho algo equivocado.

Bob se detuvo y reflexionó esto por un momento, y luego dijo pensativamente, "Entiendo. Uno no tiene que creer todo de la Biblia para que ésta tenga un impacto en la vida de uno". Juan escucho cuidadosamente mientras Bob continuó. "Por ejemplo, la parte de la Biblia llamada el Antiguo Testamento contiene guías sanitarias que fueron escritas por Moisés, quien creció en Egipto. Sabemos por medio de la historia que Egipto en el tiempo de Moisés no tenia ni idea sobre los procedimientos sanitarios adecuados. Durante el siglo 19, un ginecólogo Húngaro, Ignaz Philipp Semmelweis, era profesor asistente en la sala de maternidad del Hospital General de Viena. El observó que las mujeres examinadas por un doctor estudiante que no se había lavado las manos luego de haber salido de la sala de autopsias, tenían una alta tasa de mortandad. El mandó que los estudiantes se lavaran las manos con cloruro de cal antes de examinar a los pacientes; como resultado, la tasa de mortandad maternal se redujo de 12% a 1% en dos años. Nosotros tenemos un conocimiento sobre los gérmenes en el siglo 21, pero la Biblia explica esto mucho antes de que la ciencia lo comprendiera. Los principios sanitarios modernos fueron practicados por los Israelitas miles de años antes de que científicos como Louis Pasteur demostrara que las enfermedades mas infecciosas son causadas por microorganismos originados afuera del cuerpo".

Juan pensó sobre ese ejemplo por un momento, y luego dijo, "Ahí lo veo. Así que aun si yo niego los principios de Dios y Jesús que me enseñaron de niño, aun hay algunas ideas en la Biblia de las que yo puedo aprender".

"Correcto. No estoy tratando de convertirte, pero hay grandes verdades sobre el liderazgo enseñadas en la Biblia. Estas verdades a las que llamo el Código Líder, pueden ayudarte a convertirte en un gran líder. Seria de ayuda, sin embargo, que tú aceptaras que la Biblia es un libro históricamente preciso. Déjame que te lea parte de este artículo:

La Información Bíblica es Históricamente Comprobable

La Biblia se ha convertido en un libro de recursos importante

para la arqueología secular, ayudando a identificar figuras

antiguas

como Sargon (Isaias 20:1), Sennacherib (Isaias 37:37); Horam de Gazer

(Josue 10:33); Hazar (Josue 15:27); y las naciones de los Hititas

(Génesis 15:20). El registro bíblico, a diferencia de otras "escrituras" está

establecido históricamente, abriéndose así mismo para que lo prueben y verifiquen.

Dos de los arqueólogos mas grandes del siglo 20, William F.Albright y

Nelson Glueck, elogiaron la Biblia (aun cuando no eran Cristianos y eran

seculares en su capacitación y creencia personales) como el recurso

documental simple mas preciso de la historia. Una y otra vez se ha encontrado

que la Biblia ha sido precisa en cuanto a sus lugares, y registro de eventos.

Ningún otro documento "religioso" se le aproxima.

Los críticos del siglo 19 negaban la historicidad de los Hititas, los Horitas, los Edomitas y otros pueblos variados, naciones, y ciudades mencionadas en la

Biblia. Esos críticos han sido silenciados por la pala arqueológica, y unos pocos críticos tienen la audacia de cuestionar la confiabilidad geográfica y étnica de la Biblia.

Todos los nombres de más de 40 reyes diferentes de varios países mencionados en la Biblia han sido encontrados en documentos contemporáneos y descripciones fuera del Antiguo Testamento, y siempre tienen la consistencia con los tiempos y lugares asociados con ellos en la Biblia. Nada existe en la rama de la literatura antigua que haya sido remotamente bien confirmada con la precisión con la cual ha sido confirmada la Biblia.

"Ahora, yo no espero que tu memorices toda esa información. Yo la he leído muchas veces y no lo comprendo todo, porque soy un ingeniero y no un historiador. El punto es que podemos aprender de las paginas de la Biblia ideas y principios que pueden hacer nuestra vida mas fácil".

La cabeza de Juan parecía dar giros. ¿Estaba su jefe pidiéndole que aceptara la Biblia como verdad? ¿O estaba solamente sugiriendo que el podía aprender principios de liderazgo a partir de los relatos "históricos"? El decidió que la única cosa que Bob le estaba pidiendo era confiar en lo que había dado resultado para el. Obviamente Bob se había convertido en un líder exitoso.

"¿Qué tengo que perder?" Juan le dijo a su jefe.

"Enséñame, Obi-Wan".

"¿Qué?" contestó Bob con una mirada confundida. Secretamente sonrió y pensó, *Una referencia de Star Wars; esto va a ser divertido.*

"Nada, era solo una broma," agregó Juan tímidamente.

LA PRIMERA REUNION

Juan y Bob acordaron para reunirse cada mañana para desayunar antes de ir a la oficina. Bob quería tener tiempo para explicar los principios revelados en el Código Líder que había descubierto en la Biblia. Luego quería que Juan trabajara en esos principios, observara el código en acción y le diera un reporte de lo que había aprendido. Bob le dio a Juan una copia de la Biblia que tenia en su oficina. Le dijo a Juan que no era necesario que el leyera todo el libro, pero que tampoco le iba a hacer daño hacerlo. Juan decidió leer solo lo que era necesario para aprender el Código Líder.

Esta mañana Juan arribo justo a tiempo. De hecho arribó antes que Bob, así que aseguró un asiento en la parte de atrás del restaurante. Juan dio un vistazo a través de las paginas de su Biblia nueva y pensó para si mismo; *hay mas palabras en este libro que en algunos de mis textos universitarios. Estoy contento de que Bob no espera que lea el libro por completo.*

Miró hacia arriba y vio a Bob caminando a través del frente del restaurante saludando a los camareros. *Parece que ha estado aquí anteriormente,* pensó.

"¡Buenos días! Exclamó Bob. Juan le devolvió el saludo y luego dijo, "Estoy realmente ansioso por comenzar, así que ¿Cuál es la primera lección?"

"Escucha," fue todo lo que dijo Bob.

"Bien, estoy escuchando."

Bob se rió y dijo, "Esa es tu primera lección".

Juan miro un poco confundido y contestó, "¿Cuál es?"

"Escucha", dijo Bob de nuevo, "La primera lección que necesitas aprender para poder convertirte en un líder efectivo es escuchar."

"Pero ya sé como escuchar". Dijo Juan con una mirada confusa. "Mi madre me enseño eso cuando tenia dos o tres años de edad. Yo lo sé porque me familiarice con el Sr. Paleta Disciplinaria."

"¿Sabes realmente como escuchar o solo sabes como oír algo?"

"¿Hay alguna diferencia"?

Bob parecía estar esperando esa pregunta, "Absolutamente", cualquiera puede oír lo que se esta diciendo, pero para realmente poder comunicarse debes de escuchar. Por ejemplo, mi doctor sabe como escuchar. Cuando voy a visitarlo el siempre me pregunta para que vine o que es lo que me sucede. La mayoría de las personas escuchan una respuesta a ese tipo de pregunta, pero ellos realmente no escuchan la respuesta. Mi doctor escuchará atentamente para poder diagnosticar mi enfermedad. He aprendido que escuchar puede ayudarme a diagnosticar una situación y así poder liderar eficazmente".

"Ahora veo la diferencia, pero ¿me estas diciendo que la Biblia habla sobre escuchar?" cuestionó Juan.

Bob contesto sin tiempo que perder, "Seguro que si. En Santiago 1:19 dice, **Por esto, mis amados hermanos, todo hombre sea pronto para oír, tardo para hablar, tardo para airarse.**

Mi abuela siempre decía, 'Dios nos dio dos idos y una boca, así que debemos de oír el doble de lo que hablamos'. Creo que el escuchar es un arte perdido. Muchos líderes creen que tienen todas las respuestas, pero creo que los que están más cercanos al problema, tienen la habilidad de encontrar la solución. A veces solamente necesitan alguien que los escuche atentamente para unir sus pensamientos"

"Estaba pensando el otro día que mis subordinados deberían de poder resolver sus propios problemas en vez de venir a mi. Parece que la mayoría de mis reuniones son un foro para que ellos puedan explicar sus problemas".

Bob escucho pensativamente y luego contrarrestó, "Creo que parcialmente tienes razón, sin embargo yo miro a las reuniones como una oportunidad para que mi gente exprese sus preocupaciones y trabaje unida para resolver los desafíos. Mi trabajo como líder, es dirigir hacia donde fluye la reunión para que no tengamos una reunión solo para decir 'tuvimos una reunión'. Hablaremos de esto mas adelante. Por ahora mantengamos el foco en escuchar para entender. ¿Has escuchado lo que he dicho hasta el momento? ¿Comprendes realmente lo que hemos discutido? ¿Recordaras esta información en una semana? ¿En un mes o el año que viene?

Con ese bombardeo de preguntas Juan entendió lo que se le estaba insinuando, y tomo su iPad y comenzó a tomar notas. Bob tomo una libreta de notas de su maletín y la colocó encima del iPad, "Intenta esto", dijo Bob, "Encuentro que el escribir en papel es mucho mas táctil y por lo tanto te ayuda a recordar lo que escribiste".

Juan tenia una mirada confusa en su cara y pensó, *En serio, pluma y papel, ¿esto es de baja tecnología para un par de ingenieros verdad?*

Entendiendo la mirada confusa de Juan, rápidamente Bob dijo, *"confía en mi joven Skywalker".*

EL CODIGO

Bob y Juan estaban ansiosos de comenzar con el Código Líder, pero su camarera interrumpió su momento chistoso. Ellos miraron rápidamente el menú, pero ambos ya sabían lo que iban a ordenar.

Los hombres pidieron su orden y el camarero se apuro para comenzar a hacer sus desayunos. Mientras Juan se preparaba a realizar otra pregunta sobre como escuchar, Bob interrumpió, "Aplicaremos la idea de escuchar por el camino, entremos en el código".

El continuó, "Déjame explicar el Código Líder que descubrí en la Biblia…

"Hay tres palabras Griegas que son usadas para describir un líder en el Nuevo Testamento. Estas palabras son traducidas al Ingles en varias maneras, dependiendo del contexto. Las palabras son **poimen,** pronunciado *poy-mane*, que significa pastor, **episkopos**, pronunciada *ep-is'-kop-*

*os,*que significa obispo o supervisor y **presbuteros,** pronunciado *pres-boo'-ter'os* que significa anciano".

Bob tomó su propio cuaderno de notas y la pluma, y comenzó a explicar, "Creo que cada una de estas palabras describe un estilo de liderazgo. Estos tres tipos de liderazgo abarcan la mayoría de las situaciones que tú vas a enfrentar como líder. Yo aprendí sobre liderazgo situacional en la universidad cuando leí *Manejo del Comportamiento Organizacional: Utilizando los Recursos Humanos* de Paul Hersey y Kenneth Blanchard. Blanchard y Hersey fueron pioneros en esta manera de pensar. Cuando comencé a estudiar estas tres palabras en relación al trabajo del pastor, me di cuenta de que era realmente estilos o métodos por los cuales una persona puede liderar a otros".

Bob dibujó esta gráfica en su cuaderno de notas sin dar explicación alguna. El solo apunto a cada palabra a medida que hablaba. Juan copió la gráfica en caso de necesitarla más adelante.

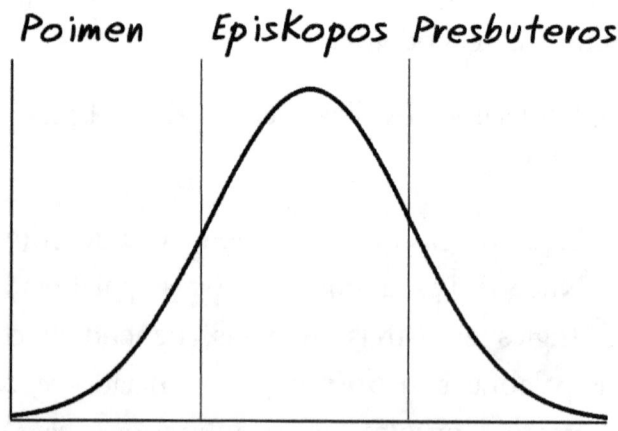

"Espera un minuto; no estoy seguro de que estoy entendiendo. Cuando yo era un niño en la iglesia, ¿no eran estos, títulos para tres lideres diferentes en la iglesia?" preguntó Juan.

"Eso es probablemente cierto", respondió Bob, "Sin embargo, no creo que esto enseña una cierta forma de gobierno eclesiástico, sino cómo esa gente es liderada. Déjame explicarlo…

"Como mencioné anteriormente, estas tres palabras Griegas pueden ser traducidas al Ingles en varias maneras. Fui y busqué pasajes Bíblicos que usan dos o tres de estas palabras juntas.

"El apóstol Pedro, quien era un anciano, exhortó a los ancianos en su trabajo:

1 Pedro 5:1-3 Ruego a los ancianos (*presbuteros*) **que están entre vosotros, yo anciano también con ellos, y testigo de los padecimientos de Cristo, que soy también participante de la gloria que será revelada:²Apacentad la grey** (este la forma verbal del sustantivo *poimen*) **de Dios que está entre vosotros, cuidando de ella** (*episkopos*)**, no por fuerza, sino voluntariamente; no por ganancia deshonesta, sino con ánimo pronto; ³ no como teniendo señorío sobre los que están a vuestro cuidado, sino siendo ejemplos de la grey.**

"Aprendemos que los ancianos (*presbuteros*) tienen que servir como 'supervisores' teniendo que cuidar (*episkopos*) a medida que pastorean *(poimen)* el rebaño.

"Mira en Tito 1:5-7, es casi al final de tu Biblia.

[5] Por esta causa te dejé en Creta, para que corrigieses lo deficiente, y establecieses ancianos *(presbuteros)* **en cada ciudad, así como yo te mandé; [6] el que fuere irreprensible, marido de una sola mujer, y tenga hijos creyentes que no estén acusados de disolución ni de rebeldía. [7] Porque es necesario que el obispo** *(episkopos)* **sea irreprensible, como administrador de Dios; no soberbio, no iracundo, no dado al vino, no pendenciero, no codicioso de ganancias deshonestas,**

"Primero déjame decir esto, ¿Quién puede cumplir con estas calificaciones? Definitivamente estoy contento de que nosotros no tenemos estos requerimientos en nuestra compañía", dijo Juan sonriendo. "Te concederé tu punto. Estas palabras parecen ser sinónimos o por lo menos están hablando de la misma persona".

"Permíteme mostrarte un pasaje mas y luego explicare en detalle como trabaja el Código Líder para hacernos mejores lideres. Mira aquí en Hechos 20, primero el versículo 17, luego más abajo en el versículo 28".

[17] Enviando, pues, desde Mileto a Efeso, hizo llamar a los ancianos *(presbuteros)* **de la iglesia.**

[28] Por tanto, mirad por vosotros, y por todo el rebaño *(derivado de poimen)* **en que el Espíritu Santo os ha puesto por obispos** *(episkopos)* **, para apacentar la iglesia del Señor, la cual él ganó por su propia sangre.**

Juan miró pensando profundamente como si estuviera formulando una pregunta importante, luego preguntó, "Esa última línea dice "para apacentar la iglesia de Dios", pero nosotros trabajamos en una compañía con fines de lucro. ¿Cómo se aplica esto a nuestra situación de liderazgo?"

"Esa es una excelente pregunta. Yo pregunte lo mismo cuando estaba tratando de descifrar el código. Si este método de liderazgo funciona en una organización compleja como lo es la iglesia – seguramente funcionará en una compañía con fines de lucro como la nuestra". Bob concluyó diciendo, "Y en mis años de experiencia, funciona maravillosamente".

"Así que, déjame ver si entiendo esto. El código nos revela tres estilos de liderazgo diferentes y nosotros adoptamos el que es adecuado. ¿Eso básicamente lo resume?" Ingenuamente preguntó Juan.

"No, ni siquiera arañamos la superficie. Tengo mucho mas que enseñarte mi joven aprendiz", dijo Bob en su mejor imitación de Yoda.

Juan tomó algunas notas rápidamente, antes de olvidar lo que había aprendido.

EL CUADERNO DE JUAN

Los tres estilos de liderazgo están basados en tres palabras Griegas en el Nuevo Testamento de la Biblia. Estas palabras son utilizadas para describir a un líder. Estas palabras son traducidas al Ingles en varias maneras. Las palabras son **poimen** pronunciada *poy-mane'* que significa pastor, **episkopos** pronunciada ep-is'-kop-os, que significa obispo o supervisor y **presbuteros** pronunciado *pres-boo'-ter-os* que significa anciano.

Los estilos de liderazgo son **Poimen, Episkopos,** y **Presbuteros.**

TU CUADERNO DE NOTAS

¿Qué ideas claves fueron presentadas en este capitulo?

¿Qué ideas puedes aplicar para ser un líder más efectivo?

¿Qué tipo de objetivo puedes establecer para una auto mejoría basado en las ideas de este capitulo?

¿Cuáles son las tres primeras medidas de acción que debes tomar para lograr este objetivo o para implementar las ideas de este capitulo?

LOS MODOS

Juan se fue a su casa luego del trabajo y reflexionó sobre lo que Bob le había enseñado ese día. El aun abrió la Biblia y leyó los versículos que había anotado. De hecho, los leyó varias veces. Su esposa no pregunto nada. Ella estaba feliz al verlo leer la Biblia y no quería arruinar esta oportunidad.

Sin ni siquiera esperar por el despertador, Juan se levantó temprano al día siguiente. Estaba contento de comenzar su jornada laboral, especialmente anticipando su reunión de desayuno. Maria apenas se movió cuando Juan salio para corrida matinal. Ella estaba despierta para cuando el regresó y tenia el café listo para él.

Bob y Juan entraron al estacionamiento al mismo tiempo. Juan miró al auto de Bob y quería preguntarle porque una persona de su posición, manejaba ese auto viejo. – pero lo pensó dos veces. *Quizás en otra oportunidad,* pensó.

Los dos hombres caminaron hacia su lugar "habitual", pidieron sus desayunos y fueron derecho al grano. Bob revisó lo que habían discutido el día previo y contestó algunas preguntas que Juan había pensado la noche anterior. Bob estaba contento de que Juan había pensado sobre la información lo suficientemente como para hacer preguntas. También era evidente que el había leído los versículos de la Biblia.

Bob comenzó a dibujar a medida que hablaba, "Los tres estilos de liderazgo abarcan la mayoría de los escenarios en lo que el líder se encontrará". Bob dibujó esta gráfica mientras la explicaba.

"El Código Líder divide cada una de estos estilos principales en dos estilos subordinados o lo que yo llamo modos de liderazgo.

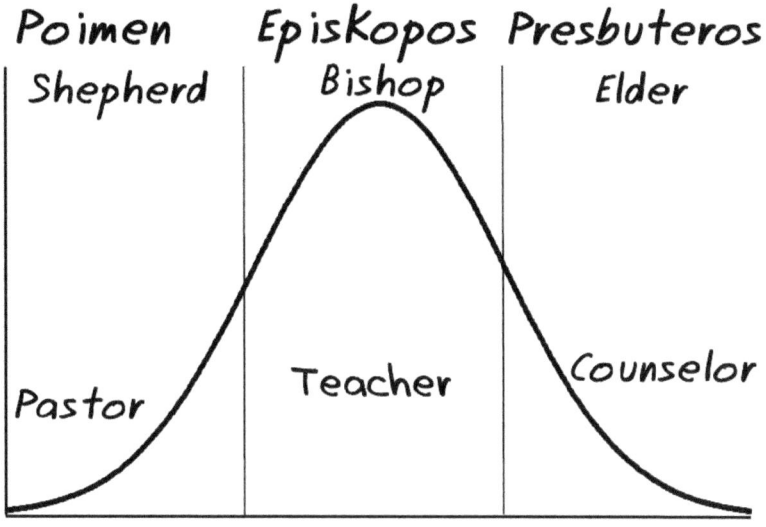

"El estilo Poimen tiene el modo del Pastor y modo de Ministro.

Juan comenzó a interrumpir, pero Bob explicó, "Se lo que estas pensando, no somos pastores. En este caso un Pastor no es una posición o un oficio en la iglesia sino un modo de liderazgo que usamos con frecuencia en nuestra línea de trabajo. Pero déjame terminar la explicación; creo que esto será algo obvio.

"Después, el estilo Episkopos tiene el modo Obispo, y el modo Maestro, mientras que el estilo Presbuteros tiene el modo Anciano y modo Consejero".

"Voy a esperar para preguntarte sobre la curva de Bell porque sé vas a llegar a ese punto, pero ¿Cuál es la diferencia entre el modo superior y el modo inferior?"

Bob continuó con una mirada conocedora, "Estoy contento de que lo preguntas. Cada uno de estos modos de liderazgo puede ser descrito en términos de varias habilidades que cada líder debe tener. Cada una de estas habilidades impacta a los subordinados de estos líderes en alguna manera.

"Primero el líder debe escuchar, como lo discutimos cuando nos reunimos por primera vez. Cada líder toma los aportes de sus subordinados para poder diagnosticar y resolver problemas. Sin embargo, cada modo de liderazgo escucha y toma los aportes de una manera diferente.

Segundo, un líder debe de proveer visión. Cada líder establece metas y planes – sean planes a largo o corto plazo. Un lugar en la Biblia habla sobre esto y es en Lucas 14:28-32.

[28] **Porque ¿quién de vosotros, queriendo edificar una torre, no se sienta primero y calcula los gastos, a ver si tiene lo que necesita para acabarla?** [29] **No sea que después que haya puesto el cimiento, y no pueda acabarla, todos los que lo vean comiencen a hacer burla de él,** [30] **diciendo: Este hombre comenzó a edificar, y no pudo acabar.** [31] **¿O qué rey, al marchar a la guerra contra otro rey, no se sienta primero y considera si puede hacer frente con diez mil al que viene contra él con veinte mil?** [32] **Y si no puede, cuando el otro está todavía lejos, le envía una embajada y le pide condiciones de paz.**

"Cada modo de liderazgo planteará metas, planeará y compartirá la visión de manera diferente"

"Estos modos serán descritos en relación a cómo maneja cada uno la cantidad involucrada de estrés, la tarea y las personas involucradas".

Juan interrumpió de nuevo, "Se que me estoy adelantando, pero ¿vas a definir cada modo en base a las diferentes maneras en que ellos realizan las tareas de liderazgo? Porque creo que puedo llenar algunos espacios en blanco. Por ejemplo, apuesto a que el modo Pastor es muy gentil con su gente. Me imagino esas pinturas de Jesús rodeado de ovejas.

"Yo creo que te estas adelantando a una conclusión, me joven aprendiz" Bob contestó con una horrible imitación de Yoda. "¿Qué es lo que hacen los pastores cuando un lobo entra a robar ovejas?"

"Me imagino que lo golpea con ese cayado que lleva a todos esos desfiles de Navidad que he visto. Me someto a tu sabiduría. Por favor continúa".

Bob continuó explicando las tareas del líder, "Recuerda que estamos hablando del Pastor como líder, no de las ovejas que son seguidoras".

"La siguiente tarea que cada líder debe de realizar es delegar. Esta es muy importante para gente como nosotros que salimos de un campo en el cual éramos nuestros propios jefes. Delegar es muy importante pero mas específicamente, se trata de cómo uno delega.

"En Éxodo 18:17-23 el suegro de Moisés le dio un algunos consejos claros en cuanto a delegar. El le dijo a Moisés…"

"¡Espera un minuto! ¿Moisés tenia un suegro? Bueno, nunca me lo hubiera imaginado. Disculpa, por favor continúa".

"Si, su nombre era Jethro, y dice aquí comenzando en el versiculo 17: Entonces el suegro de Moisés le dijo: No haces bien: 18 Desfallecerás del todo, tú, y también este pueblo que está contigo; porque el negocio es demasiado pesado para ti; no podrás hacerlo tú solo. 19 Oye ahora mi voz; yo te aconsejaré, y Dios será contigo. Está tú por el pueblo delante de Dios, y somete tú los negocios á Dios. 20 Y enseña á ellos las ordenanzas y las leyes, y muéstrales el camino por donde anden, y lo que han de hacer. 21 Además inquiere tú de entre todo el pueblo varones de virtud, temerosos de Dios, varones de verdad, que aborrezcan la avaricia; y constituirás á éstos sobre ellos caporales sobre mil, sobre ciento, sobre cincuenta y sobre diez. 22 Los cuales juzgarán al pueblo en todo tiempo; y será que todo negocio grave lo traerán á ti, y ellos juzgarán todo negocio pequeño: alivia así la carga de sobre ti, y llevarla han ellos contigo. 23 Si esto hicieres, y Dios te lo mandare, tú podrás persistir, y todo este pueblo se irá también en paz á su lugar.

"Jethro le aconsejó a Moisés que estableciera una cadena de comando para que el no se cansara haciendo todo el trabajo por si mismo. He conocido muchos lideres en el camino que se habrían beneficiado de este pequeño consejo".

La camarera pasó por la mesa y le sirvió más café a Bob. El tomó un sorbo y luego miró su reloj. El exclamó, "mejor que termine estas dos bastante rápido o nos vamos a quedar cortos de tiempo.

"Luego de delegar, es importante que el líder alabe a su gente. Esto simplemente involucra darles un comentario sobre las tareas que fueron delegadas y recompensar a la gente por un buen trabajo realizado. En uno de mis libros de liderazgo favoritos, *El Gerente de Un Minuto,* Kenneth Blanchard dice, "Ayuda a la gente a alcanzar su potencial máximo, encuéntrales haciendo algo bien."

"También significa proveer comentarios negativos cuando el trabajo no se esta realizando de la manera esperada. El apóstol Pablo escribió un par de cartas a la iglesia de Corinto dándoles una crítica adversa sobre su desempeño. El dijo en 2 Corintios 7:8 **Porque aunque os contristé con la carta, no me pesa, aunque entonces lo lamenté; porque veo que aquella carta, aunque por algún tiempo, os contristó.**

"La tarea final que un líder debe de realizar es lo que la Biblia llama discipulado. Discipulado simplemente significa capacitar a otros. Uno de los trabajos de un líder es capacitar a su reemplazo; trabajar preparándose para la salida de ese trabajo.

"Probablemente el pasaje mas claro en las Escrituras en

cuanto al discipulado es Mateo 20:18-20.

[18] Y Jesús se acercó y les habló diciendo: Toda potestad me es dada en el cielo y en la tierra. [19] Por tanto, id, y haced discípulos a todas las naciones, bautizándolos en el nombre del Padre, y del Hijo, y del Espíritu Santo; [20] enseñándoles que guarden todas las cosas que os he mandado; y he aquí yo estoy con vosotros todos los días, hasta el fin del mundo. Amén.

"Estos versículos son bastante directos, pero un detalle menor que a menudo es pasado por alto es que el único mandato imperativo en el pasaje entero es "haced discípulos".

Juan dio un largo suspiro y dijo, "Eso es mucho para recordar. Cada modo de liderazgo es definido por como realiza estas tareas:

EL CUADERNO DE JUAN

1. Escucha a sus subordinados para poder diagnosticar y resolver problemas.
2. Presenta la visión al plantear las metas; desarrolla planes a corto y largo plazo.
3. Delega; dirige a otros para realizar las tareas
4. Alaba proveyendo comentarios y recompensas.

```
5.Realiza un discipulado,
  capacitando y desarrollando a
  otros.
```

"¿Esta bien resumido?"

"¡Buen trabajo! Estaré fuera de la ciudad hasta el martes. Hagamos planes para retomar desde aquí en ese tiempo", dijo Bob mientras levantaba la cuenta y se dirigió hacia la puerta.

SU CUADERNO DE NOTAS

¿Qué ideas claves fueron presentadas
en este capitulo?

¿Qué ideas puedes aplicar para ser un
líder más efectivo?

¿Qué tipo de objetivo puedes
establecer para una auto mejoría
basado en las ideas de este capitulo?

¿Cuáles son las tres primeras medidas
de acción que debes tomar para lograr
este objetivo o para implementar las
ideas de este capitulo?

EL S.T.P.

En los siguientes días Juan revisó sus notas e intentó monitorear como realizo cada una de las cinco tareas de un líder. Estaba tan contento de lo que había aprendido que tuvo que compartirlo con su esposa. Maria realmente no tenia ningún interés en el tema, pero ella estaba muy contenta de que el estaba leyendo la Biblia por primera vez desde que lo conocía.

Juan llamó a la esposa de Bob, Rose, y le pregunto si el podía ir a buscar a Bob al aeropuerto. Rose estuvo mas que feliz de dejar que él lidiara con el tránsito. Ella también estaba al tanto de que Juan era el último discípulo de su esposo y por eso necesitaba más tiempo con Bob.

El pasó el tiempo manejando hacia el aeropuerto escuchando la versión audio del libro *El Gerente de Un Minuto*. Arribó al aeropuerto, encontró la puerta correcta y esperó a Bob sosteniendo un cartel que decía "Sr. Kenobi". Cuando Bob pasó a través del área de seguridad literalmente se rió a carcajadas.

Una vez acomodados en el automóvil y habiendo tomado la ruta Juan comenzó de inmediato, "¡No puedo creer que deje que te fueras sin decirme para que son los ejes X y los Y!"

Bob se dio vuelta para ver a su joven aprendiz y sarcásticamente dijo, "Solo un ingeniero puede perder sueño pensando en qué debería ir en los ejes X e Y. El eje X es la PERSONAS y el eje Y es ESTRÉS. Las personas van desde las menos calificadas a las más calificadas. Probablemente tu podrías aparecer con muchas maneras diferentes para definir el tipo de personas con las que trabajas, pero en nuestra línea de trabajo calificadas y no calificadas parece ser lo que funciona mejor. Lo mismo se podría decir para el Estrés. Yo defino el estrés yendo desde un estrés bajo hasta un estrés alto. En otras profesiones otros pueden definir el eje Y de una manera diferente. A mi me gusta usar estrés porque me da un lindo acróstico, STP, que siempre utilice en mis automóviles de joven."

Chris dijo, casi murmurando, "Con la clase de automóvil que manejas, probablemente debería invertir en la compañía STP".

"También vivo sin tener que pagar cuotas de auto, muchísimas gracias," Bob respondió triunfantemente. Luego continuó, "así que aquí esta como luce nuestra grafica."

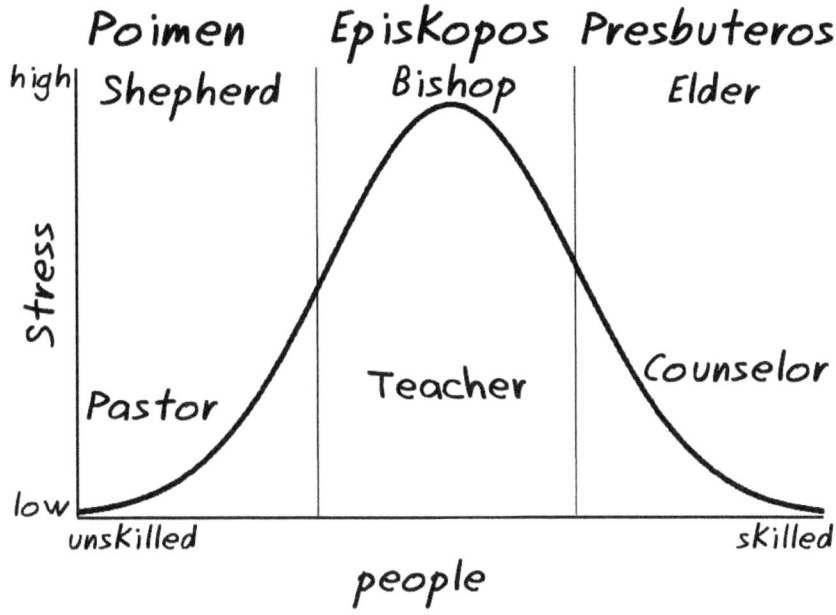

"De nuevo", comenzo Juan, "Quizas es el ingeniero en mi, pero esta grafica tiene perfecto sentido. Cuando se utiliza el estilo de liderazgo Poimen con trabajadores no calificados en un escenario con estres bajo, un lider deberia de funcionar en el modo Ministro. Con esos mismos trabajadores en un escenario de estres alto el lider deberia operar en el modo Pastor. Sin embargo, si tus trabajadores son altamente capacitados entonces tu estilo de liderazgo deberia de ser Presbuteros. Usando el modo Anciano en escenarios de estres alto y el modo Consejero en escenarios de estres bajo. Eso deja el estilo de liderazgo Episkopos para personas moderadamente capacitada; ya sea en el modo Maestro u Obispo. ¿Eso solo nos deja con la curva de Bell?"

Bob sonrió y continuó con su explicación,"La curva de Bell es etiquetada para la tarea real que esta siendo realizada. Oscilara desde una tarea simple o rutinaria hasta una tarea compleja y exigente.

"Asi que aqui esta nuestra grafica completa".

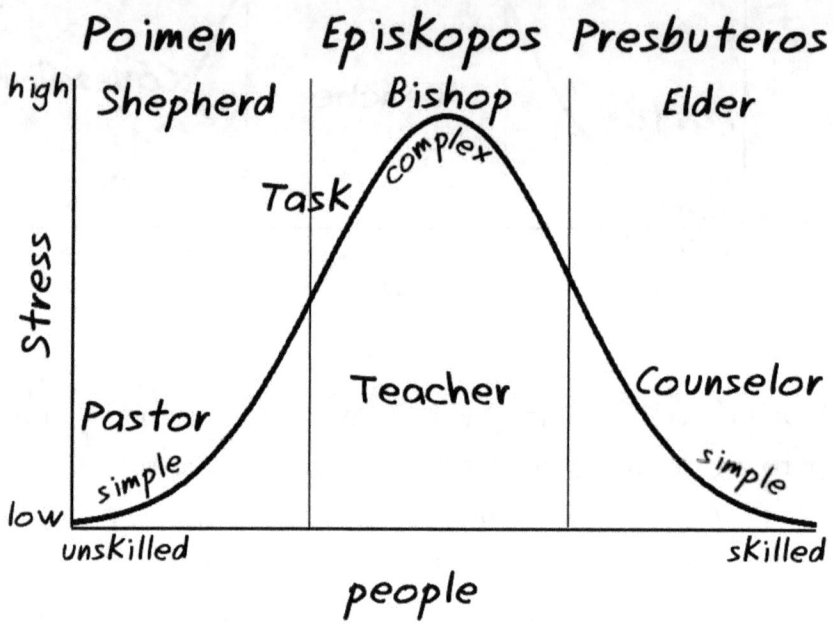

"Mañana de mañana comenzaremos a mirar de cerca a cada uno de los seir modos de liderazgo. Comienza a pensar en como se veria cada uno de ellos en el lugar de trabajo. Gracias por ir a buscarme". Con eso Bob tomó su equipaje y se dirigió hacia su casa.

Juan pensó en lo que dijo Bob, *Como se veria cada uno de estos en el lugar de trabajo.Pero mas importante,*el pensó, *¿Cual es el mas adecuado para usar en el lugar de trabajo?*

SU CUADERNO DE NOTAS

¿Qué ideas claves fueron presentadas
en este capitulo?

¿Qué ideas puedes aplicar para ser un
líder más efectivo?

¿Qué tipo de objetivo puedes establecer para una
auto mejoría basado en las ideas de este
capitulo?

¿Cuáles son las tres primeras medidas de acción que debes tomar para lograr este objetivo o para implementar las ideas de este capitulo?

LAS DEFINICIONES

Cuando Juan llegó al restaurante notó que Bob ya estaba adentro. Se saludaron y Bob dijo, "Tenemos mucho que cubrir esta mañana, así que pienso que deberíamos comenzar. Me tome la libertar de pedir el desayuno por ti".

Juan le agradeció y bromeó, "Hemos estado juntos tanto tiempo que hasta has aprendido lo que me gusta desayunar?"

Bob se rió mientras tomaba un sorbo de su café. Luego se metió directamente en el tema, "Sin mirar tus notas, ¿Cuáles son los tres estilos de liderazgo?"

"Ellos están basados en tres palabras Griegas encontradas en la Biblia que son usadas para describir a un líder. Los estilos de liderazgo son **Poimen**, **Episkopos** y **Presbuteros**, Juan luego bromeó, "Quiero responde sobre los modos de liderazgo por $200 Alex".

Juan continuó en su mejor representación del juego

televisivo Jeopardy, "Cuales son los dos modos de operación bajo cada uno de los tres estilos de liderazgo, con un total de seis modos de liderazgo".

"Y ¿Cuáles son los modos?" pregunto Bob.

"¡Ellos son Ministro, Pastor, Maestro, Obispo, Consejero y Anciano! Dijo Juan orgullosamente.

"Y la ultima pregunta de repaso, ¿Cuáles son las tareas de liderazgo que definen el modelo de liderazgo?"

Juan contestó casi antes de que la pregunta saliera de los labios de Bob, "E.V.D.A.D. Esto es Escucha, tiene Visión, Delega, Alaba y Discipula".

"No estoy seguro de que Visión sea un verbo" bromeó Bob.

"Bien, A mi me gusta E.P.D.A.D. Es mejor de todas maneras. Que es Escucha, Planea, Delega, Alaba, y Discipula." Dijo Juan claramente.

Bob miró a Juan con orgullo como si hubiera anotado su primer gol, "Bien hecho, la fuerza es poderosa con este. Ahora vayamos a mi parte favorita.

"Entonces un líder escucha a otros para poder diagnosticar y resolver problemas, luego el, como tu lo dijiste, ve o planea estableciendo ciertas metas y desarrollando planes a corto y largo plazo. Cuando el plan esta en marcha el o ella delega a otros las tareas a realizarse. Basados en el monitoreo del trabajo, el líder alabará a esos que están realizando las tareas, proveyendo comentarios y recompensas. Es importante también discipular a otros, capacitando personas para que realicen su trabajo de una mejor manera. Estas son todas habilidades y capacidades que son necesarias para que el líder sea efectivo. Ahora definamos nuestros modos de liderazgo en términos de habilidades".

"¿Vamos a profundizar en como realizar estas capacidades?" Preguntó Juan, "Parece que necesitan practica para que realmente puedan llevarse a cabo".

"Eso es verdad", dijo Bob, "pero eso es para otro momento. Quizás la sección dos de tu capacitación.

El Estilo de Liderazgo Poimen

"Primero comenzaré con este, porque probablemente yo estoy mas familiarizado con el modo de Ministro. Luego te daré una oportunidad de definir el modo de liderazgo Pastor.

"En un escenario de estrés bajo el estilo de liderazgo Poimen opera en el modo de Ministro. Los lideres en el modo Ministro realizan las tareas por si mismo. Ellos esperan que las otras personas con las que trabajan se auto dirijan.

"Los lideres en el modo Pastor esperan que la gente conozca su trabajo y que lo realicen bien. Por lo tanto, tienen tendencia a oír, pero no escuchan. Cuando se trata de comunicar la visión, establecen metas y planean más por medio de ejemplos en vez de realmente compartir la información.

"Eso significa que no delegan directamente, en vez, ponen el ejemplo que esperan otros sigan. Toman una responsabilidad personal por el éxito y el fracaso. Les cuesta delegar porque sienten que nadie puede realizar la tarea tan bien como ellos la hacen. Debido a esto, trabajaran arduamente para lograr tareas en solitario.

"Ellos darán alguna alabanza relacionada con la realización de la tarea y galardonaran un buen desempeño. Ellos discipulan y capacitan a otros solo si son lo suficientemente afortunados como para ser su modelo a seguir.

"Ahora tu toma el siguiente".

"Wow, ese es un acto difícil de seguir, pero lo que no sabes es que he estado estudiando. He aprendido un poco sobre lo que hace un pastor real. Leí un libro escrito por Phillip Keller llamado 'Una Mirada del Pastor al Salmo 23'.

"Bajo un estrés alto, el estilo de liderazgo Poimen opera en el modo Pastor. Un Pastor espera que se cumplan con sus planes e instrucciones. Después de todo, el o ella esta liderando a las ovejas y he aprendido que las ovejas, - las ovejas reales – son tontas. Bueno, eso fue insensible, las ovejas son desafiadas intelectualmente.

"Por lo tanto, los lideres en el modo Pastor no ponen un énfasis en escuchar a otros. Dejan de lado las ideas o sugerencias que tienen otros y probablemente son vistos por sus subordinados como insensibles o que no responden.

"Los Pastores no presentan una visión y solo desarrollan metas y planes a corto plazo. Solo planean a donde estarán las próximas pasturas o a donde será el mejor lugar para pasar la noche.

"Ellos delegan con una clara dirección y esperan que los otros lleven a cabo las instrucciones dadas. No les gusta que las ovejas les respondan. Alabanza y recompensas son algo raro. Sus comentarios tienden a ser negativos y específicos. Como, 've a pastar por ahí oveja sucia.'

"Los pastores no discipulan ni capacitan a otros. Los Pastores mas jóvenes tienen que aprender de la manera que lo hicieron; mira y haz lo que te dicen que hagas."

"Muy bien, antes que te des cuenta tú estarás discipulando a alguien mas". Dijo Bob con una amplia sonrisa. "¿Quieres hacer el siguiente también?"

Me pregunto que querrá decir con 'discipulando a alguien mas'. Pensó Juan. "Esta bien, te dejo que lo hagas. Ese es realmente el único que estaba preparado para hacer".

El Estilo de Liderazgo Episkopos

"Ningún problema", continuo explicando Bob. "Cuando se esta en un estrés bajo, el estilo de liderazgo Episkopos opera en el modo Maestro. Los líderes en el modo Maestro guían a sus subordinados hacia estándares elevados y un rendimiento mejorado.

"Los lideres en el modo Maestro definitivamente escuchan para comprender. No están preocupados con la visión o con estándares de rendimiento altos, pero sienten que sus subordinados deberían concentrarse en una auto superación y en metas individuales. Estos están menos preocupados por las metas y planes de la organización.

"Los Maestros son menos directivos cuando delegan, porque ellos ven su rol como uno que ayuda o guía a otros en su propio rendimiento. Ellos solicitan que otros desarrollen planes, solucionen problemas y que alternen maneras de lograr las tareas. Ellos también tienden a minimizar el enfoque de sus propias ideas.

"Los Maestros alaban proveyendo comentarios frecuentes y específicos orientados a las tareas, y asisten proveyendo recursos para ayudar a que otros mejoren. Ellos recompensan la tarea realizada y la mejora del rendimiento. Por supuesto por la naturaleza del Maestro, ellos discipulan a otros con eficacia.

"Ahora en situaciones de estrés alto el estilo de liderazgo Episkopos opera en el modo Obispo. Los líderes en el modo Obispo lideran y toman decisiones.

"Un Obispo solicitará opiniones de otros en cuanto a problemas y decisiones, pero ellos no dejan duda en cuanto a quien toma la decisión final. Ellos presentan una visión clara y ponen metas. Los Obispos también desarrollan ambos, planes a corto y largo plazo.

"Ellos delegan en una manera clara y concisa, pero lo hacen de una manera agradable al respecto. Sin embargo no dejan dudas de las expectativas.

"Los Obispos alabaran y recompensaran justamente y firmemente. Ellos informan a otros sobre un rendimiento inadecuado si se presenta un problema y comunicaran el porque es necesario que se mejore el rendimiento.

"Un líder en un modo Obispo no realizara discipulado con otros, pero él delegará la responsabilidad del discipulado y capacitación a otros".

"Suena como los Obispos viejos que conocí en la iglesia cuando era niño; excepto por la parte de ser "agradables al respecto", bromeó Juan. "Ahora, se lo que vas a decir "esos Obispos no son los mismos que el modo de liderazgo Obispo, chico" dijo en su mejor imitación a Bob.

 "Tienes razón, pero tu todavía tienes mucho que aprender mi pequeño saltamontes", respondió Bob con su voz de Master Po.

"¿Saltamontes, eh? Mientras Juan fingía confusión. *Gran referencia a Kung Fu,* pensó, *¡este hombre si que me cae bien!*

"No hagas caso, eso fue antes de tu tiempo. Continuemos.

El Estilo de Liderazgo Presbuteros

"En una situación de bajo estrés el estilo de liderazgo Presbuteros opera en el modo Consejero. Los líderes en el modo Consejero ponen a las personas primero.

"Ellos escuchan mucho y están mas interesados en información personal que en la tarea. No presentan visiones ni establecen metas. Tampoco realizan planes específicos a no ser que sean para mejora personal.

"Los Consejeros no delegan con claridad, pero animan a otros a tomar acción para mejorarse así mismos. Ellos alaban logros personales y recompensan mejoras personales, no el rendimiento en las tareas. Los Consejeros discipulan a otros en áreas personales, sin embargo no realizan capacitación relacionada a tareas.

"Así que en alto estrés el estilo de liderazgo Presbuteros opera en modo Anciano. Los líderes en modo Anciano animan a la participación. Ellos animan a la gente a participar de las reuniones mientras escuchan y comprenden.

"En vez de presentar la visión, los Ancianos piensan que las decisiones deben de ser tomadas por consenso y que otros deben de realizar los planes. Ellos no delegan directamente, pero ellos tratan de igualar personas y tareas y obtienen un consenso en cuanto a la dirección.

"Los ancianos consideran las recompensas adecuadas o un rendimiento deseable como un 'motivador' y piensan que los comentarios negativos son útiles en situaciones limitadas. Ellos discipulan a otros para desarrollar sus habilidades, pero solo un poco.

Juan no podía esperar mas, el suspenso lo estaba consumiendo, "Bien, entiendo las definiciones de cada modo de liderazgo, pero ¿Cuál es el mejor?"

"¿El mejor, el mejor?" contesto sonando incrédulo. "Depende… Tengo que llegar a la oficina. Hablaremos de eso mañana".

SU CUADERNO DE NOTAS

¿Qué ideas claves fueron presentadas

en este capitulo?

¿Qué ideas puedes aplicar para ser un

líder más efectivo?

¿Qué tipo de objetivo puedes establecer para una
auto mejoría basado en las ideas de este
capitulo?

¿Cuáles son las tres primeras medidas de acción
que debes tomar para lograr este objetivo o para
implementar las ideas de este capitulo?

EL MEJOR MODO

Cuando Juan llegó a su casa del trabajo, no podía esperar para compartir las definiciones con Maria. Al principio ella pretendió estar interesada, pero luego ella comenzó a entender lo que significaba todo eso.

"Entonces" dijo ella, "¿Bob te ha dado una formula para saber como liderar?" Me suena a que todo lo que tienes que hacer es cambiar al modo correcto para el nivel de estrés, el tipo de tarea y el nivel de capacitación para las personas que estas liderando".

"Lo sé, pero ¿no suena a algo muy fácil? Si fuera realmente así de fácil, yo nunca hubiera tenido un jefe malo o un supervisor horrible. Tiene que haber un truco en esto. Supongo que tendré que esperar hasta el desayuno para averiguarlo".

Entonces Juan parecía como si tuviera algo mas para decir, pero decidió quedárselo para si mismo. Maria, reconociendo esa mirada pregunto, "¿Qué?"

"¿Qué, que?" el respondió como siempre.

"Tu sabes, tienes esa mirada".

"¿Qué mirada?"

"Esa mirada que dice, 'tengo algo que quiero preguntar, pero se la respuesta", ella prosiguió, "¿Qué es?"

El contestó con una indiferencia falsa, "Oh, solo es que Bob preguntó si queremos ir con ellos a su iglesia este fin de semana. El Pastor que le enseñó algunas de estas cosas estará hablando. Yo como que quiero ir, pero se que tu hiciste planes…"

Maria interrumpió, intentando no actuar muy emocionada, "Me encantaría. Yo puedo hacer mis cosas el próximo fin de semana, o quizás durante la semana. Rose y yo hemos querido ir a ese restaurante Mejicano nuevo, así que ustedes chicos nos pueden llevar a almorzar luego de la iglesia". Ella todavía estaba asombrada que Juan quería ir a la iglesia. En sus 8 años de matrimonio el nunca había aun mencionado la palabra 'iglesia' – eso fue, hasta que conoció a Bob.

Para cuando fueron a la cama Juan fue capaz de ocupar su mente con otras cosas aparte de estilos de liderazgo, modos y todo eso. Durmió toda la noche y se levanto al sonido de su despertador.

El arribó al restaurante unos minutos más temprano. A medida que iba entrando notó que Bob no estaba en el lugar de costumbre. Alguien había tomado su lugar. Él consideró cambiar al modo Pastor, pero en vez decidió no hacerlo.

"No se si puedo lidiar con este cambio. Es muy drástico", comenzó Juan.

"Se a lo que te refieres. Espero que la comida no tenga un sabor diferente desde este ángulo", con una mirada seria en su cara, Bob dijo, "Ahora, ¿tu tenias una pregunta cuando nos fuimos ayer?"

"Por supuesto, ¿Cuál modo de liderazgo es el mejor?"

"Y yo dije que eso depende" continuó diciendo Bob, "¿No recuerdas Estrés, Tareas y Personas – E.T.P.?"

"Seguro, ¡pero tiene que haber uno que es mejor que el resto! Juan continuó diciendo, "No puedo imaginarme cuando usaría el modo Pastor, o ¿que tal el modo Anciano? Tienen que haber solo algunos momentos en los que un líder lo usaría.

Bob pensó para si mismo por un momento y luego preguntó, "¿Entonces, cuando piensas que el modo Pastor seria efectivo?"

"Nunca. No puedo pensar en un solo momento en el que usaría el modo Pastor", contestó Juan honestamente.

"¿Alguna vez has estado en una situación de vida o muerte?" preguntó Bob de manera muy seria.

"Realmente no".

Bob tomo un largo sorbo de su café y luego comenzó a contar una historia. Juan reconoció esa mirada y supo que iba a aprender algo importante.

"Estaba este hombre que conocí llamado Rick. Fue un oficial retirado del Ejército y básicamente actuaba como eso. Rick era un especialista de seguridad y debido a eso, el pensaba que todo el mundo debería ser conciente en el área de seguridad como lo era el.

"Entonces, yo vi muchas veces a Rick en el modo de liderazgo Pastor. El siempre quería que practicáramos en caso de emergencia. El no entendía que nosotros teníamos trabajos de verdad que realizar. Bromeábamos al respecto, pero Rick era bastante severo con nosotros.

"Eventualmente yo me trasladé a esta compañía. Perdí rastro de Rick, pero supe que se convirtió en el director de seguridad para Morgan Stanley en Nueva York. Leí historias de que Rick instituyó algunos de los mayores cambios mientras trabajaba para Morgan Stanley. El hacia que los corredores de bolsa y los asistentes administrativos gatearan por el piso fuera de sus oficinas. El nunca paró y escuchó sus opiniones, nunca escuchó sus aportes – el solo los hizo practicar.

"Rick intentó que su compañía se mudara del World Trade Center, pero no tuvo éxito. El 11 de Setiembre del 2001 el planeamiento y la practica de Rick dio resultado. Los compañeros de trabajo de Rick recordaron todos los ejercicios que el les había hecho hacer.

"Debido al modo de liderazgo que Rick eligió, muchas vidas fueron salvadas. Inmediatamente luego de que el primer avión secuestrado golpeó el World Trade Center Uno, el ordenó que los 3800 empleados de la compañía evacuaran los edificios del World Trade Center Dos y Cinco. Les tomó solo 45 minutos salir y ponerse a salvo. Solo 13 empleados de Morgan Stanley murieron ese día; Rick y su equipo de seguridad murieron rescatando a otros que trabajaban para compañías que no estuvieron preparadas".

Bob quedo sentado comiendo su comida silenciosamente. Juan, un poco emocionado, supo que no debía hablar en ese momento. Se concentró en terminar su desayuno.

Luego de haber pasado un tiempo considerable, Juan dijo, "Yo entiendo. En un momento específico, el modo Pastor es efectivo, en una crisis o emergencia que requiera una respuesta inmediata. Cuando no hay tiempo para que el líder escuche ideas.

"También seria efectivo cuando el líder tiene información o una perspectiva que el subordinado no tiene. Como cuando una organización no requiere que los subordinados sepan todo lo que los lideres saben".

Bob se le unió en participación luego de terminar su ultimo bocado de huevos, "También es efectivo cuando algunos procedimientos se deben de seguir con exactitud. Por ejemplo, cuando las desviaciones menores de los procedimientos resultarán en serios problemas.

"Entonces, ¿cuando es ineficaz el modo Pastor?"

Juan ya había pensado en esto, entonces contestó,"En situaciones en las que estoy acostumbrado trabajar, cuando se espera que los subordinados resuelvan problemas, tomen iniciativa o que sean innovadores.

"También creo que seria ineficaz en el lugar de donde fui transferido porque los procedimientos especiales fueron requeridos debido a nuestras tareas complejas".

"Buenos ejemplos", dijo Bob, "¿Y que tal el modo Obispo?" ¿Cuándo sería efectivo?"

"Recién me doy cuenta que seria efectivo en el lugar del que me transfirieron por la misma razón por la que el modo Pastor no lo sería. Porque los procedimientos especiales fueron requeridos debido a la complejidad de nuestras tareas.

"Con la mezcla de ingenieros novatos y experimentados trabajando ahí; solicitar aportes de los subordinados y comunicar los resultados de una decisión y su racionalidad, era muy importante.

"Se tuvieron que hacer muchas decisiones, pero tuvimos muchos ingenieros nuevos que no tenían ni idea. Los ingenieros encargados de la división, que tenían una perspectiva amplia, necesitaban tomar las decisiones correctas.

"No estoy muy seguro cuando el modo Obispo seria ineficaz. Me parece, que este seria el mejor". Finalizó diciendo Juan.

Bob contrarrestó con, "Me temo que te salteaste un punto vital. Que es, no hay un mejor modo de líder. Todos pueden ser efectivos, dependiendo del nivel de estrés en el escenario, la complejidad de la tarea y el nivel de capacidad de las personas.

"Por orto lado, cualquiera de los modos de liderazgo pueden ser ineficaces en el escenario incorrecto. Por ejemplo, el modo Obispo puede ser ineficaz cuando el líder no tiene una perspectiva amplia del problema o tema con el que se esta trabajando.

"O cuando el estatus de distinción entre el líder y el subordinado es mínimo. El modo Obispo es innecesario cuando el líder no tiene la obligación de tomar ninguna decisión para facilitar una finalización efectiva de la tarea a realizar. Estoy seguro de que ahora puedes pensar en ciertos momentos cuando el Obispo no seria el modo mas efectivo de liderazgo".

"Si, entiendo el punto. No hay una bala mágica o modo secreto que opere en todos los escenarios", se dio cuenta Juan "Se necesitan de todos ellos para ser mas efectivo".

"Puedo ver el modo Anciano siendo mas efectivo en momentos cuando el Obispo no lo es. Como cuando todos los subordinados rinden de manera excelente y están bien adaptados a sus trabajos.

"O en momentos cunado el subordinado tiene mucha información relevante a las decisiones y actividades a la par del líder. He trabajado en situaciones en que el modo Anciano es efectivo porque las actividades laborales necesitaban ser conducidas por personas con un alto nivel de autonomía, pero necesitaban ser coordinadas entre todos los que estaban trabajando en el proyecto".

"Muy buena aplicación", dijo Bob, y luego agregó, "Entonces el modo Anciano podría ser ineficaz cuando el gerente tiene acceso a información o perspectiva que los trabajadores no pueden tener. Entonces regresamos a nuestra discusión original, el Anciano no podría ser eficaz en una crisis o cuando sucede una emergencia que requiere una respuesta o decisiones rápidas.

"Si las personas realizando las tareas no tienen una comprensión profunda del trabajo en el que están involucrados. También, cuando los trabajadores deben completar partes separadas de la tarea a llevar a cabo que, cuando se combinan, alcanzan la meta de la tarea.

"¿Quieres continuar?" Preguntó Bob

"Seguro, ahora que estamos rodando y estoy escribiendo en mi cuaderno de notas."

"Buenísimo, contestó Bob, "Entonces tu toma el modo Pastor. ¿Cuándo seria mas efectivo y cuando seria menos efectivo?"

Juan estuvo de acuerdo, y luego comenzó, "El modo Pastor es efectivo en situaciones donde las distinciones de estatus entre el líder y los subordinados es pequeña y posiblemente cuando los objetivos de rendimiento, y los estándares son claros para todo el mundo trabajando en esa tarea.

"Es probable que sea eficaz cuando los trabajadores deben de conducir su trabajo independientemente del líder. Y cuando hay poca coordinación o integración entre los que participan del proyecto.

"Déjame pensar cuando seria ineficaz. ¿Qué tal en ocasiones en que los subordinados deben de realizar la mayoría de las tareas?"

"¿Por qué el modo Pastor seria ineficaz en ese caso?" preguntó Bob.

"Bueno, como el Pastor prefiere hacer todo el trabajo y le cuesta dejar las cosas y delegar.

"El también será menos efectivo cuando la coordinación o integración es esencial para la tarea. El probablemente no trabaja bien cuando hay problemas de rendimiento con uno o mas de los subordinados o cuando otros deben ser discipulados o capacitados por el líder".

"Suena bien", dijo Bob mientras miraba su reloj. "Mejor terminemos. Déjame tomar el modo Maestro.

"Es un modo de liderazgo efectivo cuando se trabaja con personas moderadamente capacitadas y tienen deseo de mejorar. Cuando esta trabajando en un escenario con estrés bajo que permite el discipulado y el desarrollo de los subordinados.

"El Maestro es mas efectivo cuando se necesitan comentarios sobre el rendimiento de trabajo oportunos. Si la tarea es mas compleja se necesitara tener suficiente tiempo disponible para capacitar a esos con nivel de capacidad más bajos.

"Este modo será efectivo cuando se trabaja en equipo para que las metas organizacionales se puedan llevar a cabo, aun si uno o mas de los miembros no cumplen con su metas de rendimiento individuales.

"El modo Maestro es ineficaz cuando los trabajadores en la tarea ya están capacitados y son capaces de tomar sus propias decisiones. También podría ser menos eficaz cuando se debe de tomar decisiones rápidas para poder avanzar.

"Los Maestros podrían también ser menos efectivos cuando el rendimiento de la organización depende del alcance de las metas de rendimiento de cada uno de los miembros del equipo.

"Por supuesto que el modo Maestro no será efectivo en una crisis o emergencia, al menos que sea un ejercicio de practica para lo que pueda suceder en la realidad.

"Okay, tenemos tiempo de cubrir el ultimo. ¿Tienes alguna pregunta hasta este punto?" preguntó Bob.

"No, miremos el modo Consejero. ¿Te importa si intento explicarlo?" preguntó Juan.

"Creo que seria efectivo cuando las tareas son rutinarias".

"¿Rutinarias? ¿Cómo es eso?" Preguntó Bob.

"Como en un lugar donde todos saben que es lo que se necesita hacer y como hacerlo – cuando el rendimiento esta en un nivel adecuado o alto.

"En una situación cuando es importante que el gerente y los subordinados sean amigos y tengan una relación cercana".

"Buen análisis, no estoy seguro que yo hubiera concluido eso. Pensé que te ibas a concentrar en un consejero literal en oposición a un líder funcionando de esa manera", luego Bob felicitó a Juan diciendo, "¡Creo que estas listo para liderar!"

"Antes de que me eches del nido, déjame decirte a donde creo que el Consejero es ineficaz.

"No creo que el modo de liderazgo Consejero funcionaría cuando las tareas son únicas o complejas. Definitivamente no es efectivo cuando los trabajadores no están capacitados o no están motivados para tomar iniciativas o ser innovadores.

"El Consejero tampoco podría rendir bien cuando, como líder, será obligado a tomar decisiones y solo tiene toda la información o perspectiva necesaria para tomar esas decisiones".

"Tu estas listo para volar fuera del gallinero e ir por tu cuenta", bromeó Bob. "Antes de te vayas, déjame compartir algunos puntos a considerar cuando interpretas y aplicas los diferentes modos de liderazgo.

"No hay modo que sea efectivo todo el tiempo. Todo el mundo tiene un modo de operación preferido que usa con más frecuencia. Algunas personas tienen varios modos de emergencia, los que usan en situaciones que requieren un modo diferente al que ellos más prefieren. Las personas también pueden variar que estilo de modo de emergencia usan de acuerdo a las demandas del escenario en particular.

"Los lideres a menudo son sorprendidos al encontrar que tienen los que aparenta ser modos de liderazgo dominantes y de emergencia opuestos; por ejemplo, la combinación común de Obispo y Anciano. Después de reflexionar ellos generalmente reconocen que usaron un modo con un tupo de persona o situación. Por ejemplo, quizás usen el modo Anciano cuando tratan con individuos que conocen su trabajo y son altamente capacitados, y luego usan el modo Obispo con trabajadores menos capacitados o cuando las cosas comienzan a ir mal.

"Recuerda que el código en la Biblia usa todas estas palabras para describir a una persona. Describe específicamente al líder de la iglesia. Por lo tanto, no debería de sorprendernos que una combinación de varios es la más efectiva.

"Te voy a dar una Evaluación de Modo de Liderazgo. Esto te ayudará a descifrar tu código de liderazgo personal. Te dirá cuales son tus modos de liderazgo preferidos.

"Ahora escucha Juan, no caigas en la trampa de colocar un valor negativo o positivo en cualquiera de las etiquetas usadas para describir estos modos de liderazgo. No asumas que un modo de liderazgo es efectivo en tu nuevo trabajo hasta que aprendes todos los aspectos de tu trabajo. No puedes evaluarlo hasta que conozcas todas las tareas específicas y determines las características de tu gente.

"También, debes de comprender que hay una necesidad de cambiar el modo con el paso del tiempo. Las teorías de 'ciclos de vida' del liderazgo sugieren que en las diferentes etapas de liderazgo es adecuado tener diferentes modos de liderazgo en el progreso individual o del grupo, para tener la capacidad de trabajar efectivamente juntos o individualmente. Teóricamente, como divisiones, departamentos, grupos de trabajo o miembros individuales maduros, las personas se mueven desde una posición relativamente inexperta, pasivo-dependiente requiriendo una dirección de liderazgo firme. Muchos comenzarán con el modo Pastor u Obispo. Luego, a medida que el grupo se desarrolla a un punto en que conocen sus trabajos y son independientemente motivados, donde son liderados de una mejor manera a través de su participación y delegación, como en los modos Maestro y Anciano".

SU CUADERNO DE NOTAS

¿Qué ideas claves fueron presentadas

en este capitulo?

¿Qué ideas puedes aplicar para ser un

líder más efectivo?

¿Qué tipo de objetivo puedes establecer para una
auto mejoría basado en las ideas de este
capitulo?

¿Cuáles son las tres primeras medidas de acción
que debes tomar para lograr este objetivo o para
implementar las ideas de este capitulo?

EPILOGO

Juan y Bob siguieron juntándose para desayunar una o dos mañanas cada semana. La esposa de Bob, Rose, y la esposa de Juan, Maria se hicieron buenas amigas, lo que no siempre fue bueno para los hombres. Resultó que a las dos les gustan los mercados de pulgas, así que cada uno de los hombres llegaba a su casa a encontrar nuevas gangas decorando su casa.

En el trabajo, Juan se estaba convirtiendo en un líder de primera categoría. Estaba aprendiendo las capacidades y habilidades necesarias para ser efectivo. Esas habilidades, junto con el conocimiento de estilos de liderazgo y modos de liderazgo recientemente adquiridos, hicieron de el, la persona de referencia cuando habían desafíos en la planta. Juan llego a ser tan hábil en las reuniones gerenciales – que realizaron algo – que las personas a través de toda la compañía intentaron reclutarlo para sus propios comités.

Juan aprendió de la evaluación de liderazgo que tomó, que su modo primario de liderazgo era el de Obispo. Esto tomó sentido luego de que lo revisó con Bob. El había trabajado independientemente por tanto tiempo que era natural para el sentirse cómodo en el modo Obispo. El descubrió que el problema venia cuando aumentaban los niveles de estrés. Descubrió, como lo predijo la gráfica de Bob, que el se movía hacia el modo Pastor. Sin embargo, el modo Pastor no era el modo adecuado cuando tenia subordinados que iban de ser moderados a altamente capacitados. Ahora usa S.T.P. y realiza decisiones a consciencia sobre como se conducirá y que modo usará en un escenario dado.

Juan y Maria fueron a la iglesia con Bob y Rose. Era tan diferente de lo que habían experimentado cuando eran niños. Esta iglesia estaba viva y era divertida. Encontraron que los mensajes no eran lo que esperaban; cada semana se fueron con información que les ayudó en diferentes áreas de sus vidas. Su matrimonio nunca había estado mejor, hasta aprendieron a como tener sus deudas bajo control y por supuesto, los principios de liderazgo ayudaron a Juan a sobresalir en su nueva posición.

Los principios de liderazgo aprendidos por Juan fueron de tanto valor para el que decidió que quizás habría otras ideas en la Biblia que podrían ayudarle. Leyó el Nuevo Testamento por completo. Bob le sugirió comenzar con el libro de Juan, el cuarto libro del Nuevo Testamento.

Un día durante el desayuno con Bob, Juan preguntó "He leído una sección de la Biblia, en el libro sobre los Romanos. Fue en el capitulo 10 versículos seis hasta el 10.

⁶Pero la justicia que es por la fe dice así: No digas en tu corazón: ¿Quién subirá al cielo? (esto es, para traer abajo a Cristo); ⁷o, ¿quién descenderá al abismo? (esto es, para hacer subir a Cristo de entre los muertos). ⁸Mas ¿qué dice? Cerca de ti está la palabra, en tu boca y en tu corazón. Esta es la palabra de fe que predicamos: ⁹que si confesares con tu boca que Jesús es el Señor, y creyeres en tu corazón que Dios le levantó de los muertos, serás salvo. ¹⁰Porque con el corazón se cree para justicia, pero con la boca se confiesa para salvación.

"Creo realmente que eso es algo que necesito hacer. No estoy seguro si entiendo completamente lo que hacer."

"¿De que parte tienes preguntas?" preguntó Bob.

"Esa parte en el versículo nueve, 'si confesares con tu boca que Jesús es el Señor y creyeres en tu corazón que Dios le levanto de los muertos, serás salvo.'

"Antes realmente no creía en esto. Pero todo lo otro que he investigado sobre la Biblia aparenta ser verdad, entonces ¿Por qué la parte sobre Jesús debería ser diferente? Si Dios acertó con el tema del liderazgo correctamente, y la parte histórica es correcta, entonces ¿Por qué cometería un error en la parte de la salvación? Es que yo no soy una persona religiosa."

Bob respiró profundamente, "Recuerdas cuando apenas nos conocimos, yo te dije que tampoco era una persona religiosa. La religión es algo que intenta obtener algo que no mereces, pero gracia es Dios dándote algo que no mereces y que nunca podrías ganar. Se trata de tener una relación con Dios, a través de su Hijo, Jesús.

"Si crees que Jesús murió en tu lugar y pago la penalidad por tus pecados, entonces por fe aceptas que esto es verdad y el versículo nueve nos dice, '**serás salvo**'. Presta atención que no dice 'podrías ser salvo' o 'quizás serás salvo' sino que dice <u>serás</u> salvo.

"Y creo que Romanos 10:10 lo dice de la mejor manera, '**Porque con el corazón se cree para justicia, pero con la boca se confiesa para salvación.**'

"Entonces, ¿me estas diciendo que tu crees de corazón que esto es verdad?"

Juan miró a Bob, pensativamente y dijo de inmediato, "absolutamente."

"Entonces," Bob dijo, "¿Qué es lo que te frena de hacer la ultima parte? 'con la boca uno confiesa y es salvo'"

"Nada me frena", Juan oró, "Querido Jesús, quiero agradecerte por morir en la cruz por mis pecados. Lamento que me llevó tanto tiempo creer eso, pero ahora lo entiendo. ¿Podrías perdonarme por mis pecados y salvarme? Amen."

Y ellos vivieron felices…NO. Tuvieron muchos desafíos por delante; desafíos en liderazgo y desafíos espirituales. Sin embargo, Juan y Maria, junto a Bob y Rose se hicieron amigos de por vida. Cuando enfrentaron desafíos; los enfrentaron juntos.

Fin

APENDICE A

EL CUADERNO DE JUAN EN INGLES

JUAN'S NOTEBOOK

The three leadership styles are based on three Greek words in the New Testament of the Bible. These words are used to describe a leader. These words are translated into English a few different ways. The words are **poimen** pronounced *poy-mane'* which means pastor or shepherd, **episkopos** pronounced *ep-is'-kop-os*, which means bishop or overseer and **presbuteros** pronounced *pres-boo'-ter-os* that means elder.

The leadership styles are **Poimen**, **Episkopos**, and **Presbuteros**.

There are two modes of operation under each of the three leadership styles, for a total of six modes of leadership. Each leader mode is defined by how it performs these tasks:

1. Listens to subordinates in order to diagnose and solve problems

2. Casts vision by setting goals; develop long- and short-term plans.

3. Delegates; directs others to perform tasks.

4. Praises by providing feedback and rewards.

5. Disciples by training and developing others.

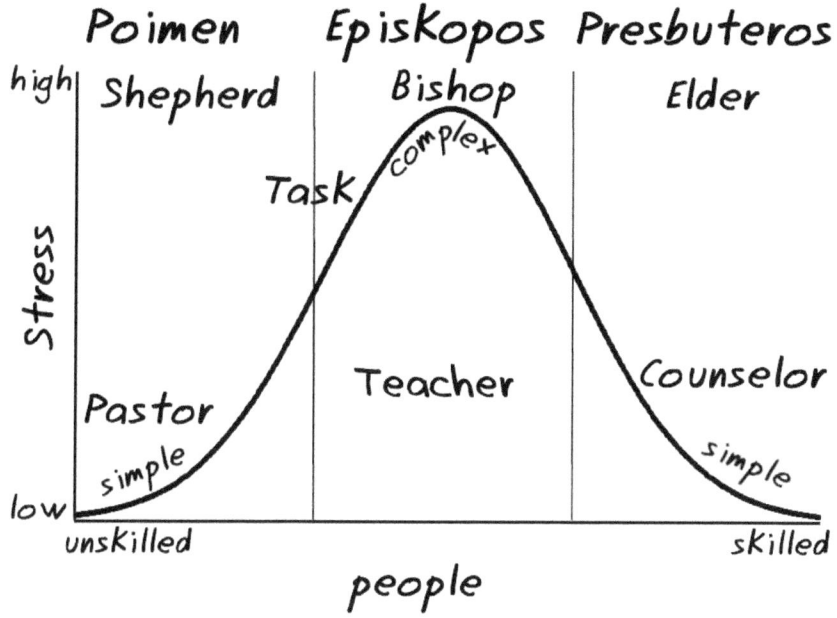

The Poimen Leadership Style

Under low stress the Poimen leadership style operates in Pastor mode. Leaders in Pastor mode do it themselves and expect others to be self-directed. Leaders in Pastor mode:

(1) Expect people to know their jobs and do them well (probably hear, but do not listen);

(2) Communicate vision and goals, and plan by example;

(3) Do not delegate directly; rather, set the example, take personal responsibility for success and failure and, because they find it difficult to delegate, work unceasingly to try to accomplish tasks alone;

(4) Give some praise related to task performance; Reward good performance;

(5) Disciples and train subordinates only to the extent that they model him or her.

Under high stress the Poimen leadership style operates in Shepherd mode. Leaders in Shepherd mode expect compliance with their plans and instructions. Leaders in Shepherd mode:

(1) Do not emphasize listening to others' ideas or suggestions; may be seen as unresponsive to subordinates;

(2) Does not cast vision; Develop only short-range goals and plans;

(3) Delegates with clear directions and expect their plans and instructions to be carried out by others;

(4) Praise and rewards are rare and feedback tends to be negative and specific;

(5) Do not disciple or train others; expect them to know their jobs or simply do what they are told.

The Episkopos Leadership Style

Under low stress the Episkopos leadership style operates in Teacher mode. Leaders in Teacher mode guide subordinates toward high standards and improved performance. Leaders in Teacher mode:

(1) Listen to understand;

(2) Not concerned about vision, high performance standards but feel that subordinates should focus on self-improvement and individualized goals, not on the organization goals or plans;

(3) Are less directive when delegating; see their role as one of aiding or guiding others in their own performance toward high standards; they ask others to develop plans, solutions to problems, and alternate ways of accomplishing tasks and minimize the focus on their ideas;

(4) Praise by providing frequent, specific, task-oriented feedback, assistance, and resources to help others improve; reward task performance and improvement of performance;

(5) Disciples others very effectively.

Under high stress the Episkopos leadership style operates in Bishop mode. Leaders in Bishop mode lead and make decisions. Leaders in Bishop mode:

(1) Solicit input from others on problems and decisions, but leave no doubt about who makes the final decision;

(2) Cast clear visions and set goals; develop both short- and long-range plans;

(3) Delegation is clear and concise, are nice about it, but leave no doubt about what is expected;

(4) Praise and reward firmly and fairly; inform others of inadequate performance if a problem occurs and communicate the rationale for needing improved performance;

(5) Do not directly disciple others, but delegate the responsibility for discipleship and training to others.

DAN BLAKESLEE

The Presbuteros Leadership Style

Under low stress the Presbuteros leadership style operates
in Counselor mode. Leaders in Counselor mode put people
first. Leaders in Counselor mode:

(1) Listen a lot and are more interested in personal
than task information;

(2) Do not cast vision and/or set goals standards, nor
make explicit plans other than for personal
improvement;

(3) Do not delegate clearly but encourage
others to determine take action;

(4) Praise personal accomplishments and
reward personal improvement, not
task performance;

(5) Disciples others in personal areas; do not perform
task related training.

Under high stress the Presbuteros leadership style operates
in Elder mode. Leaders in Elder mode encourage
participation. Leaders in Elder mode:

(1) Encourage people to participate in meetings while they listen to understand;

(2) Rather than cast vision, think that decisions should be made by consensus and that the others should make plans;

(3) Do not delegate directly, try to match people and jobs and get consensus on direction;

(4) Consider rewarding adequate or desirable performance as a "motivator" and think of negative feedback as useful only in very limited situations;

(5) Disciple others to develop skills, but only somewhat.

APPENDICE B

DESCIFRE SU CODIGO LIDER PERSONAL

Piensa en lo que realizas en tu trabajo en este momento en relación a como tratar con tus subordinados. Hay 36 pares de declaraciones que quizás describan lo que haces en tu trabajo. Lee cada par de declaraciones y decide cual es la que mejor se aplica a ti. Luego marca con una X en el cuadrado al lado de la declaración.

Por ejemplo, si piensas que la primera declaración en el ítem 1 describe de la mejor manera lo que realizas en tu trabajo; coloca una X en el cuadrado que aparece bajo la columna C.

Debes de contestar todas las preguntas. Encontraras que algunas preguntas son más difíciles de distinguir porque quizás ambas pueden ser aplicables o ninguna parece ser aplicable. Sin embargo, se debe de elegir cual de las dos caracteriza mas a usted en el trabajo.

	A	B	C	D	E	F
1 Siempre tengo en claro lo que quiero que se haga, pero mis direcciones quizás suenen como recomendaciones o sugerencias. O Hare lo que sea para que esa persona sea despedida si yo creo que la persona es imposible de controlar.						
2 Hacer que los trabajadores sigan el ejemplo que les presento es mucho mas importante que hacer que yo les agrade a ellos. O Cuando un subordinado no rinde satisfactoriamente, yo le digo a la persona de manera firme pero justa, como el rendimiento no cumplió mis expectativas.						
3 Yo respeto el alto rendimiento, pero yo busco y premio a los subordinados que plantean y alcanzan metas de rendimiento y mejora realistas. O Para poder construir un equipo de trabajo, desaliento conflictos y desacuerdos entre los trabajadores.						

	A	B	C	D	E	F
4 Los trabajos no se realizan al menos que las personas entiendan que usted va a ser "duro" con ellos si es necesario. O Creo que un líder exitoso debería de establecer estándares de rendimiento personal altos y encontrar maneras de animar a los subordinados a establecer y alcanzar sus propios estándares de excelencia.						
5 Seguridad laboral, beneficios de jubilación, y otros beneficios laborales son factores críticos para que las personas sean felices. O Cuando un subordinado viene hacia mi con un calendario de trabajo insatisfactorio, yo identifico esas áreas donde el calendario necesita ser reforzado y sugiero alternativas para revisar el calendario de trabajo para cumplir los estándares requeridos por la tarea						
6 Cuando las personas confían entre si en un centro de trabajo, ellos mejoran se desarrollan mas rápidamente. O Una vez establecidos los estándares de rendimiento y las metas, los individuos deberían de tener la motivación necesaria como para alcanzarlos por si mismo.						

	A	B	C	D	E	F
7 Cuando un subordinado viene hacia mí con un calendario de trabajo insatisfactorio, yo identifico esas áreas donde el calendario necesita ser reforzado y sugiero alternativas para revisar el calendario de trabajo para cumplir los estándares requeridos por la tarea. O Yo mido mi rendimiento en base a estándares que son mas altos que los que la organización espera y no tengo tiempo para personas cuyo rendimiento individual no es alto.						
8 Yo espero que mis direcciones sean llevadas a cabo al más mínimo detalle. O Los trabajadores deberían de tomar la iniciativa y usar sus propios recursos para hacer sus trabajos.						
9 Creo que un líder exitoso debería de establecer estándares de rendimiento personal altos y encontrar maneras de animar a los subordinados a establecer y alcanzar sus propios estándares de excelencia. O Cada persona que se reporta conmigo debe de dar cuenta detallada de su progreso laboral.						

	A	B	C	D	E	F
10 Cuando un subordinado no rinde satisfactoriamente, yo le digo a la persona de manera firme pero justa, como el rendimiento no cumplió mis expectativas. O Logros individuales sobresalientes deben ser premiados; penalizar o disciplinar a los que no rinden, rara vez es útil.						
11 Yo le digo a los trabajadores que no pierdan tiempo pensando en como otros hacen su trabajo, sino que gasten su energía alcanzando su alto estándar de rendimiento personal. O No me preocupo por monitorear el progreso laboral de las personas mirando sobre sus hombros cuando se ha desarrollado una confianza.						
12 Dar críticas negativas a los que se reportan conmigo daña la situación en vez de ayudarles a mejorar su trabajo. O Creo que los buenos líderes deberían tener una relación personal cercana con los trabajadores que se reportan a ellos.						

		A	B	C	D	E	F
13	Todos respetamos los altos rendimientos, pero yo particularmente respeto y premio a los subordinados que se plantean y alcanzan metas desafiantes que mejoran su rendimiento.						
	O						
	Yo reduzco la resistencia a las decisiones que tomo en cuanto a las políticas, haciendo resaltar a mis trabajadores como esas decisiones servirán a sus propios intereses.						
14	No me preocupo por monitorear el progreso laboral de las personas mirando sobre sus hombros cuando se ha desarrollado una confianza.						
	O						
	Cuando veo personas haciendo algo mal, yo confronto los problemas y administro disciplina.						
15	Yo estoy dispuesto a delegar responsabilidad y autoridad, pero si un individuo no rinde en base a los estándares, tomare le responsabilidad por mi mismo.						
	O						
	Una vez establecidos los estándares de rendimiento y las metas, los individuos deberían de tener suficiente motivación para alcanzarlas por si mismos.						

		A	B	C	D	E	F
16	Los trabajos no se realizan al menos que las personas entiendan que usted va a ser "duro" con ellos si es necesario. O Cada persona que se reporta conmigo debe de dar cuenta detallada de su progreso laboral.						
17	Considerar los valores y convicciones personales de un individuo debería tener prioridad sobre el manejo de los trabajos de rutina. O Logros individuales sobresalientes deben ser premiados; penalizar o disciplinar a los que no rinden, rara vez es útil.						
18	Siempre tengo en claro lo que quiero que se haga, pero mis direcciones quizás suenen como recomendaciones o sugerencias. O Cuando un subordinado viene hacia mí con un calendario de trabajo insatisfactorio, yo identifico esas áreas donde el calendario necesita ser reforzado y sugiero alternativas para revisar el calendario de trabajo para cumplir los estándares requeridos por la tarea.						

		A	B	C	D	E	F
19	Creo que un líder exitoso debería de establecer estándares de rendimiento personal altos y encontrar maneras de animar a los subordinados a establecer y alcanzar sus propios estándares de excelencia						
	O Yo pienso que parte del trabajo de cada líder es inspirar a los subordinados a mejorar constantemente.						
20	Cuando he decidido sobre una acción y los subordinados lo cuestionan, yo les digo el porque elegí mi curso de acción seleccionado.						
	O Dar críticas negativas a los que se reportan conmigo daña la situación en vez de ayudarles a mejorar su trabajo.						
21	Los trabajadores deberían de tomar la iniciativa para terminar con sus trabajos asignados sin tener que depender de mi en busca de ayuda.						
	O Cuando yo creo que es necesario disciplinar a un subordinado, es claro que estoy descontento.						

		A	B	C	D	E	F
22	Yo estoy dispuesto a delegar responsabilidad y autoridad, pero si un individuo no rinde en base a los estándares, tomare le responsabilidad por mi mismo O Yo siempre encuentro tiempo para asesorar y aconsejar a las personas con sus problemas cuando se esta de acuerdo que ellos necesitan ayuda.						
23	Yo espero que mis direcciones sean llevadas a cabo al más mínimo detalle. . O Cuando se desarrolla confianza, no me preocupa monitorear el progreso de las personas mirando por encima de sus hombros o solicitando muchos reportes por escrito.						
24	Creo que los líderes exitosos deberían tener una relación personal cercana con los trabajadores que se reportan a ellos O Cuando se proponen soluciones alternativas, generalmente yo tomo una decisión inmediata y le digo a las personas lo que prefiero.						

		A	B	C	D	E	F
25	Yo siempre encuentro tiempo para asesorar y aconsejar a las personas con sus problemas cuando se esta de acuerdo que ellos necesitan ayuda. O Cuando hay un sentimiento de confianza a través del centro de trabajo, las personas mejoran y se desarrollan más rápido.						
26	Un líder que no es querido por sus trabajadores no es tan exitoso como un líder que es querido por todos. O Los trabajadores que encuentran problemas para terminar el trabajo deberían de encontrar la solución del problema por si mismo; no deberían dejar que pequeñas fallas los retrase.						
27	Cuando se proponen soluciones alternativas, generalmente yo tomo una decisión inmediata y les digo a las personas lo que prefiero. O Cuando he decidido sobre una acción y los subordinados lo cuestionan, yo les digo el porqué elegí mi curso de acción seleccionado.						

		A	B	C	D	E	F
28	Hacer que los trabajadores sigan el ejemplo que les presento es mucho más importante que hacer que yo les agrade a ellos. O Considerar los valores y convicciones personales de un individuo debería tener prioridad sobre el manejo de los trabajos de rutina.						
29	Una vez que he tomado una decisión, tomo el tiempo para convencer a mis subordinados que esa decisión es la mejor manera posible de hacer las cosas. O Los trabajadores que encuentran problemas para terminar el trabajo deberían de encontrar la solución del problema por si mismo; no deberían dejar que pequeñas fallas los retrase.						
30	Los mejores planes son esos que incluyen el aporte y la opinión de todos los que participan en el grupo de trabajo. O Una vez que he tomado una decisión, tomo el tiempo para convencer a mis subordinados que esa decisión es la mejor manera posible de hacer las cosas.						

		A	B	C	D	E	F
31	Los planes más exitosos son esos que incluyen el aporte y la opinión de todos los que participan en el grupo de trabajo. O Un líder que no es querido por sus trabajadores no es tan exitoso como un líder que es querido por todos.						
32	Yo creo que las personas pueden tomar iniciativas y ser responsables por si mismos. O Generalmente yo se como se debería de hacer un trabajo, pero trato de guiar a los subordinados a tomar la responsabilidad, sugiriéndoles métodos alternativos para alcanzar la meta.						
33	Los trabajadores deberían de tomar la iniciativa y usar sus propios recursos para terminar con sus trabajos. O Generalmente yo se como se debería realizar un trabajo, pero trato de animar a los subordinados a tomar responsabilidad recomendando métodos alternativos.						

	A	B	C	D	E	F
34 Para poder establecer un equipo de trabajo armonioso, Yo evito los conflictos y desacuerdos entre los trabajadores. O Yo espero que mis directivas sean llevadas a cabo exactamente como fueron dadas.						
35 Yo haré lo que sea posible para hacer despedir a una persona si creo que esa persona es difícil de controlar. O Para poder establecer un equipo de trabajo armonioso, Yo evito los conflictos y desacuerdos entre los trabajadores.						
36 Yo espero que mis directivas sean llevadas a cabo exactamente como fueron dadas. O Siempre tengo en claro lo que quiero que se haga, pero mis direcciones quizás suenen como recomendaciones o sugerencias.						
Total De Cada Columna						

Total de la Columna A – Modo Pastor	
Total de la Columna B – Modo Ministro	
Total de la Columna C – Modo Obispo	
Total de la Columna D – Modo Consejero	
Total de la Columna E – Modo Anciano	
Total de la Columna F – Modo Maestro	
TOTAL DE TODAS COLUMNAS	**36**

Su número más alto es una indicación de su modo preferido de liderazgo. Esta evaluación no es perfecta. Todo dependerá de su marco mental cuando la haya tomado. Depende de si contestó honestamente o si intento de hacer una "jugada" al sistema para obtener el resultado que usted quería.

El segundo número más alto es su modo secundario, mientras el número más bajo corresponde al modo de liderazgo que usted rara vez usará.

Estos resultados no son definitivos. Usted debería consultar otras perspectivas para confirmar estos resultados. Usted debería de juzgar cual modo de liderazgo pensó que iba a ser y debería de solicitar que sus pares y subordinados le evalúe.

ACERCA DE LOS AUTORES

Dan Blakeslee es un líder y un entrenador de lideres. Es pastor, profesor a nivel universitario, esposo, padre y abuelo. Vive con su esposa, Michelle, en Chesapeake, Virginia. Es asesor de organizaciones sin fines de lucro, iglesias y negocios, ayudándoles a cumplir con su misión – eficientemente y efectivamente.

Blakeslee nació y se crió en Indianápolis, Indiana. Acepto a Jesús como Salvador a la edad de 17 años. Luego de graduarse de la secundaria se enlistó en la Marina de los EE.UU. Entró como voluntario en el Servicio de Submarinos.

Avanzó a Suboficial y sirvio a bordo de tres submarinos nucleares como el Lider Tecnico del Laboratorio de Ingenieria y como Supervisor de Guardia de Maquinas. Fue dado de baja luego de haber sido herido cumpliendo con su deber.

Antes del comienzo de la Tormenta del Desierto, Blakeslee fue asignado al Programa de Desarrollo de Liderazgo de la Marina de los EE.UU (NLPD por sus siglas en inglés) como instructor. Enseñó a cientos de supervisores y fue el mentor de ellos durante su transición de trabajador a líder. Mas tarde fue invitado a sumarse a la escuela de instructores para el programa de liderazgo, donde constantemente fue destacado por oficiales y estudiantes enlistados, como un instructor y líder de primera clase.

Blakeslee fue galardonado como Master Training Specialist por su trabajo en la Escuela de Instructores de Liderazgo.

Desarrolló el plan de estudios para el curso de pilotos del Programa de Calidad Total Gerencial de la Marina (TQM), mas tarde nombrado Liderazgo de Calidad Total (TQL). Blakeslee diseñó el programa de estudios y enseñó el curso de pilotos antes de que fuera transferido para participar de la Operación Escudo del Desierto.

Blakeslee sirvió como Pastor Líder y Pastor Ejecutivo en tres iglesias. Fue el Director de Operaciones del Compañerismo Bíblico Bautista Internacional (Baptist Bible Fellowship International) y fue profesor y administrativo de Colegio Bíblico Bautista y Escuela de Post Grado (Baptist Bible College). Actualmente sirve como al Pastor Administrativo de la congregación Point Harbor Community Church en Chesapeake, Virginia.

Esteban Alvarez nació en Montevideo, Uruguay. En el año 2001 emigró a los Estados Unidos de America para estudiar en el Baptist Bible College, localizado en Springfield, Missouri. En ese colegio participó de los programas de Música y Misiones. Esteban es tambien conocido como "coach Alvarez" dado a que tuvo la oportunidad de dirigir el equipo de futbol de dicha institucion por 4 temporadas. Junto con su esposa Emily tomaron este trabajo como ministerio, teniendo la oportunidad de liderar a varios jóvenes no solo en lo deportivo sino principalmente en el nivel espiritual. Aparte de su vinculación con el deporte, Esteban y su esposa tuvieron la oportunidad de comenzar la primera iglesia bilingue durante sus años en Springfield. Actualmente junto con su esposa Emily y sus tres hijos, Felipe, Xavi y Nicolas, son misioneros con el Baptist Bible Fellowship International en su pais de origen, Uruguay. Dentro de sus anhelos, Esteban quiere animar e influenciar a la siguiente generación de líderes cristianos para que sobresalten no solo en el ámbito cristiano sino, principalmente en el mundo que les rodea, para que puedan atraer a otros a los pies de Cristo.

www.ingramcontent.com/pod-product-compliance
Lightning Source LLC
Chambersburg PA
CBHW051336170526
45166CB00002B/831